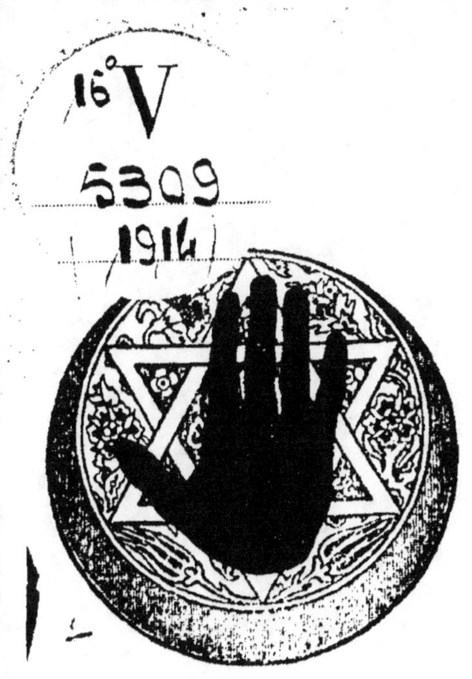

22ᵉ Exposition
1914

Les Peintres Orientalistes Français

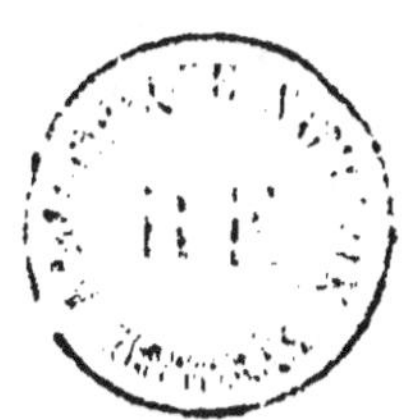

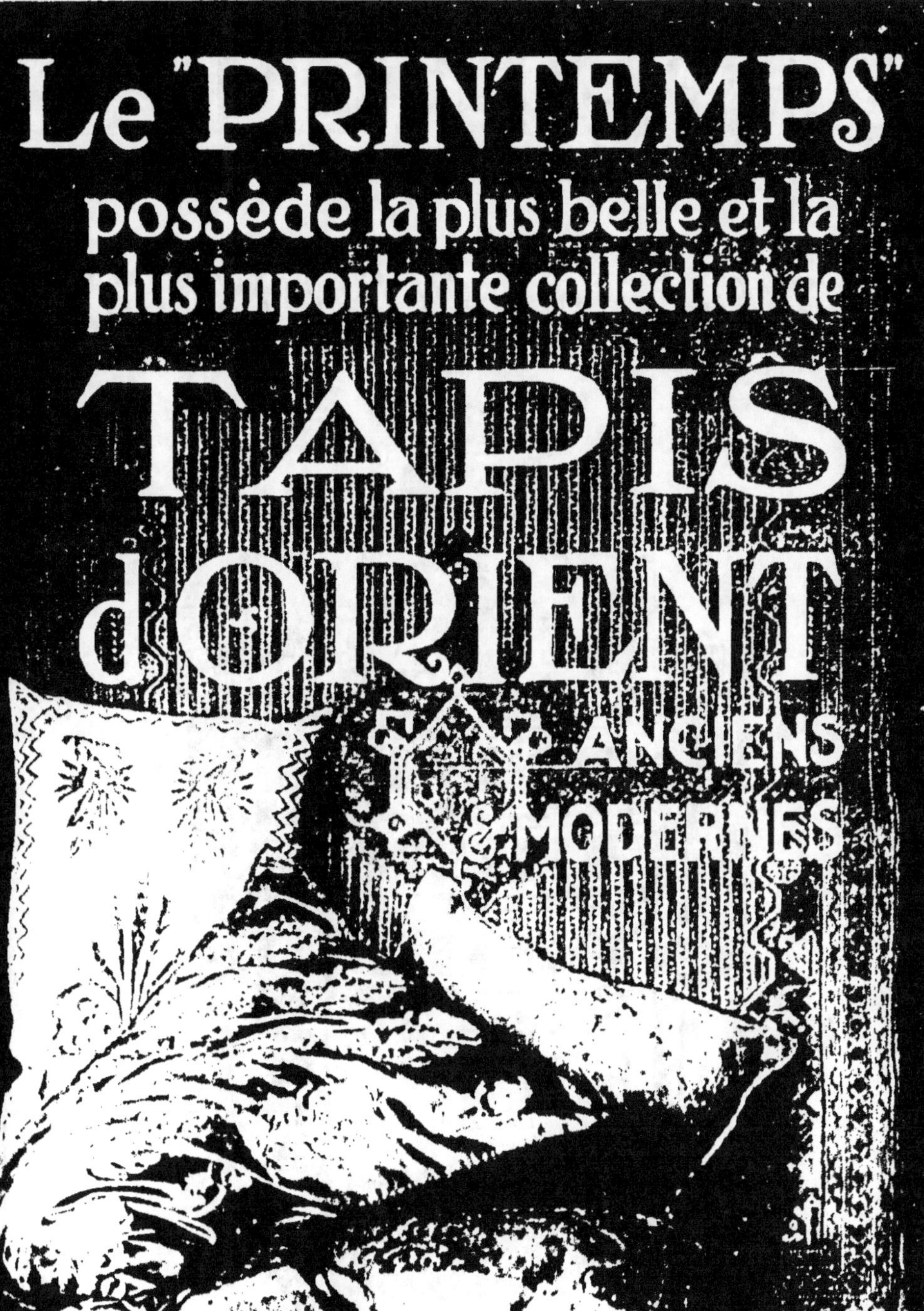

Le "PRINTEMPS"
possède la plus belle et la
plus importante collection de
TAPIS
d'ORIENT
ANCIENS
& MODERNES

AU PRINTEMPS

PARIS

ANTIQUITÉS CURIOSITÉS

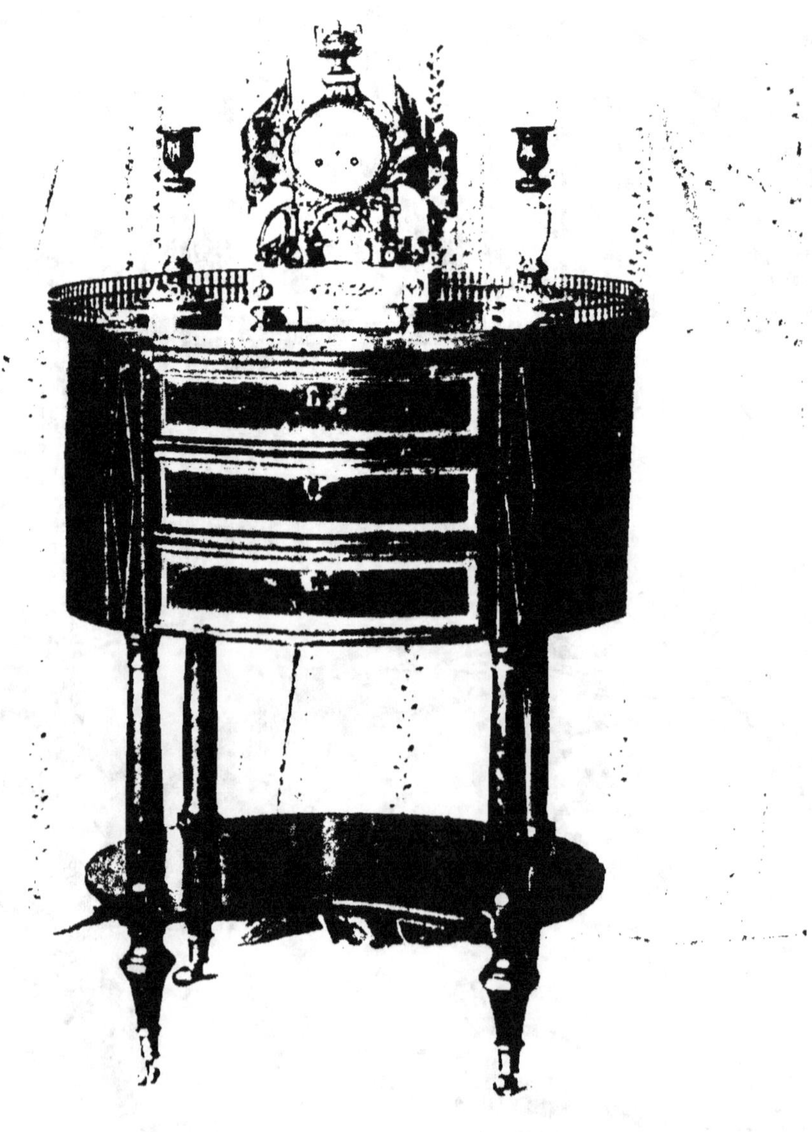

❀

Pour l'Achat des Œuvres

s'adresser au Bureau de Vente

à l'Exposition.

·······················

A.=G. POTIN

EXPERT PRÈS LA COUR D'APPEL

AGENT OFFICIEL DE VENTE

36, Rue Taitbout - PARIS

Seul Dépositaire des Prix

❀

SOCIÉTÉ
DES
Peintres Orientalistes Français

22ᵉ Exposition — GRAND PALAIS
AVENUE D'ANTIN
Du 8 au 28 Février 1914

PRÉSIDENTS D'HONNEUR :

M. Georges LEYGUES
DÉPUTÉ
Ancien Ministre.

M. Paul DOUMER
Sénateur, Ancien Président de la
Chambre des Députés, Ancien Gou-
verneur-général de l'Indo-Chine.

COMITÉ DE PATRONAGE :
MEMBRES D'HONNEUR

Arsène ALEXANDRE.

Gabriel BONVALOT, directeur général du *Comité Dupleix.*

Georges BÉNÉDITE, professeur suppléant au Collège de
France, conservateur des antiquités égyptiennes au musée
du Louvre.

Lieutenant-Colonel BERNARD, ancien président de la Com-
mission de délimitation des frontières du Siam.

E. BIGARD FABRE, chef de division honoraire au Sous-Secrétariat d'État des Beaux-Arts.

Paul CASANOVA, professeur au Collège de France.

J. CHARLES-ROUX, ancien député, président du Conseil d'administration de la Société Transatlantique, commissaire
générale de l'Exposition coloniale de Marseille.

E. DE CHAUDESAIGUES DE TARRILLY.

Maurice COLIN, sénateur.

Dal PIAZ, Directeur de la Compagnie Générale Transatlantique.

Armand DAYOT. Inspecteur général des Beaux-Arts.

Alfred DEHODENCQ.

Stéphane DERVILLÉ, président du Conseil d'administration de la Compagnie P.-L.-M.

Gaston DESCHAMPS.

Louis FARGES, consul de France à Bâle.

CHÉKRI-GANEM.

Ed. GÉRARD, directeur de l'Office de l'Algérie.

Louis GONSE, membre du Conseil supérieur des Beaux-Arts et du Conseil des Musées.

Mme Myriam HARRY.

Th. HOMOLLE, membre de l'Institut, directeur de l'École d'Athènes.

James H. HYDE.

Georges LAFENESTRE, membre de l'Institut, professeur au Collège de France, conservateur du musée Condé.

Henri LAVEDAN, de l'Académie Française.

Ernest LEROUX, éditeur.

A. LEUBA, agent de change.

A. MAILLET, publiciste, secrétaire du *Comité Dupleix*.

Henri MARCEL, directeur des musées nationaux et de l'École du Louvre.

Charles MASSIGLI, Vice-doyen et professeur à la Faculté de droit.

A. MASURE, secrétaire du Conseil d'administration de la Compagnie P.-L.-M.

Louis MELEY.

MESSIMY, député, ancien ministre.

Ch. MICHEL.

Gaston MIGEON, conservateur des objets d'art au Musée du Louvre.

MOATTI, Administrateur de la Banque de l'Algérie.

Paul LEPRIEUR, conservateur au Musée du Louvre.

NOUVION.

Léon PERRIER, secrétaire général du gouvernement général de l'Algérie.

JOANNY PEYTEL.

Henry ROUJON, secrétaire perpétuel de l'Académie des Beaux-Arts.

André SAGLIO, commissaire des Expositions des Beaux-Arts.

F. SEGUIN, chef du bureau des travaux d'art, au Sous-Secrétariat d'État des Beaux-Arts.

SAINT-GERMAIN, sénateur.

Gabriel SÉAILLES, professeur à la Faculté des Lettres.

Gustave SOULIER, critique d'art.

H. VALENTINO, chef de division au Sous-Secrétariat des Beaux-Arts.

MEMBRES DÉCÉDÉS

Léon GÉROME, membre de l'Institut, Félix BARRIAS, BENJAMIN-CONSTANT, membre de l'Institut, A. CLUSERET, Georges GASTÉ, Eugène GIRARDET, HUGUET, Ch. LANDELLE, G. MORAND, Marius PERRET, Maurice POTTER, Gustaves PINEL, Félix RÉGAMEY, Ary RENAN, Théodore RIVIÈRE, James TISSOT.

MEMBRES HONORAIRES

MM. AUBLET, Hyppolyte BERTEAUX, A. BESNARD, membre de l'Institut, A. BROUILLET, F. CORMON, membre de l'Institut, DAGNAN-BOUVERET, membre de l'Institut, J. DAMPT, E. FRIANT, J. GEOFFROY, A. LEBOURG, J.-A. MUENIER, Armand POINT, Victor PROUVÉ, A. RENOIR.

BUREAU

Président : M. Léonce BÉNÉDITE.

Vice-Président : M. A. CHASSÉRIAU.

Secrétaire : M. Charles MASSON ; *Trésorier* : M. RÉALIER-DUMAS ; *Conseil judiciaire* : Mᵉ Benjamin MONTEUX, avocat à la Cour.

MEMBRES TITULAIRES

Comité : MM. Maurice BOMPARD, Paul BUFFET, Amédée BUFFET, J.-A. CHUDANT, Charles COTTET, DAGNAC RIVIÈRE

Dʳ Pierre DELBET, Etienne DINET. Hector d'ESPOUY, H. d'Es-
TIENNE, GAUDISSARD, L. GILLOT, L.-A. GIRARDOT, Paul
LEROY. A. LUNOIS, A. MULOT. J. de la NÉZIÈRE, Victor
PETER, G. ROCHEGROSSE, E. SULPIS, A. SURÉDA, J. TAUPIN.
H. VOLLET.

Délégués du Comité pour l'Algérie : G. ROCHEGROSSE.
A. MULOT.

Émile BERNARD, BALLOT, BASTET, EYSSÉRIC. DUVENT. MÉRITE
DÉNEUX. JOUVE, CAUVY. POISSON, Jacques SIMON, CARRÉ.
MIGONNEY, DUFRESNE, H. VILLAIN, BEAUFRÈRE, HIERHOLTZ.

MEMBRES CORRESPONDANTS.

José SILBERT, (Marseille), Fritz MÜLLER, Maxime NOIRÉ
(Alger)

Correspondant indigène : Sᵢ SLIMAN BEN IBRAHIM.

SOCIÉTÉ

DES

Peintres Orientalistes Français

EXPOSITION COLONIALE NATIONALE
de Marseille (1906).

Grand Prix. — Groupe X, Classe 53
Grand Prix. — Groupe X, Classe 56

EXPOSITION UNIVERSELLE DE GAND
1913.

Médaille d'Or.

EXTRAITS DES STATUTS

Article Premier. — La Société des Peintres Orientalistes Français a pour but de favoriser les études artistiques conçues sous l'inspiration des pays et des civilisations d'Orient et d'Extrême-Orient, par tous les moyens dont elle peut disposer : Expositions annuelles, Expositions rétrospectives, Publications, Conférences, Missions, Encouragements aux Artistes, aux Sociétés locales, aux Musées, etc.

Subséquemment, elle s'attache à faire mieux connaître ces pays et ces races d'indigènes d'Orient et d'Extrême-Orient, à diriger dans un sens critique l'étude des Arts anciens de ces civilisations et à contribuer au relèvement de leurs industries locales.

Par extension, les considérations précédentes peuvent s'appliquer aux régions qui ont subi le contact et l'influence des civilisations Orientales.

BOURSES D'ÉTUDES EN ALGÉRIE

Gouvernement Général de l'Algérie

Il est institué par le Gouvernement général de l'Algérie deux bourses de voyage destinées à encourager de jeunes artistes, peintres, sculpteurs, graveurs, médailleurs, architectes, etc,. par un séjour d'études en Algérie aux conditions énumérées ci-dessous :

Ces deux bourses sont décernées annuellement. La première est de 3.000 francs par an pendant deux ans et le titulaire bénéficie, en outre, pendant la durée de son séjour en Algérie du logement dans une villa spécialement aménagée à cet usage.

La seconde bourse est de 2.400 francs pendant un an et le titulaire n'a pas le bénéfice du logement.

Les candidats doivent être Français et être âgés de moins de 35 ans au 1er Janvier de l'année en cours.

Ne pourra prendre part aux Concours, tout artiste titulaire antérieurement d'une bourse de voyage décernée soit par le Gouvernement général de l'Algérie, soit par l'Administration des Beaux-Arts à l'occasion des Salons annuels de Paris.

Les concurrents devront adresser leur demande sur papier timbré à 0 fr. 60, avant le 15 janvier, à M. le Gouverneur général de l'Algérie, Office de l'Algérie, 5, galerie d'Orléans, Paris, où leur seront donnés tous les renseignements nécessaires.

Les œuvres présentées, au nombre maximum de trois dans chaque genre, devront être adressées à la date qui leur sera fixée, à la **Société des Peintres Orientalistes Français** (Grand-Palais, avenue d'Antin), au Comité de laquelle le Gouverneur général de l'Algérie a confié le soin de présenter les titulaires des deux bourses.

Titulaires des Bourses d'Algérie.

1907. MM. L. Cauvy et Paul Jouve.
1908, Jacques Simon et P.-M. Poisson.
1909. L. Carré et J. Migonney.
1910. Dufresne et H. Villain.
1911. Beaufrère.
1912. Bigonnet et Hierholtz.

Fondation James HYDE

(Une Médaille de Vermeil et une somme de 500 Francs).

1912. M. André CHAPUY.

1913. M. Pierre VAILLANT.

Fondation Georges LEYGUES

(Une médaille de Vermeil et une somme de 500 Francs).

1912. M. BAUDE.

1913 M. de WAROQUIER.

Fondation de Mme Whitney, née Vanderbilt

Une somme de 1.000 Francs

L. A. GIRARDOT.

MÉDAILLE

de la " Société des Peintres Orientalistes Français ".

Une Médaille de Vermeil est attribuée par la Société à titre d'encouragement à l'étude des mœurs et des sites locaux, à l'artiste, domicilié et exposant en Algérie ou en Tunisie, qui aura exécuté la meilleure étude soit nature de figure ou de paysage de ces pays.

Titulaires de la Médaille de Vermeil.

de la " Société des Peintres Orientalistes Français "

MM. A. BARITEAU.
Maxime NOIRÉ.

MM. GALAS.
FERRANDO

J. BÉGUE
RABAT

ÉCOLE DE CALCUTTA

TAGORE (Abanindra Nath.)

1. — La Fin du Voyage.
2. — Jeune fille se coiffant (Appartient à M. O. C. G.).
3. — Le Portrait (Appartient à M. R. M.).
4. — L'Empereur Aurengzeb regardant la tête de son frère Dara (Appartient à M. T. H.).
5. — La jeune Pêcheuse (Appartient à M. P. Ch.).
6. — Un Adorateur du Soleil (Appartient à M. R. T.).
7. — Le Rêve de l'Empereur Shah-Djahan (Appartient à M. N.).
8. — Shiva et Parvati (Appartient à Mr. A. N. M.).
9. — " Kajri ", la danse de la Saison des Pluies (Appartient à M. G. N. T.).
10. — Le Départ du Prince Sidharta (Appart. à M. B.).
11. — Boudha mendiant (Appartient à M. B.).
12. — La Corde brisée.
13. — La Fille de la Mer.
14. — Près du Puits (Appartient à M. J. P. G.).
15. — La Lettre d'Amour (Appartient à M. J. P. G.).
16. — La Mère de Ganesha (Appartient à M. A. N. T.).
17. — Le Jaksha en exil (Appartient à M. S. N. T.).
18. — L'Éléphant aux six défenses (Appart. à M. B.).
19. — Boudha illuminé (Appartient à M. B.).
20. — La libération finale (Appartient à M. B.).
21. — Illustration pour un Quatrain d'Omar Kayam (Appartient à Mr O. C. G.).
22. — Les Offrandes (Appartient à Mr. M.).
23. — Un Soir d'hiver (Appartient à Mr. W.).
24. — Radhika (Appartient à Mlle S. K.).
25. — Krishna et Radha (Appartient à Mlle A. K.).

Scènes de la Vie de Krishna

(Appartiennent à M. A. N. T.)

26. — La Naissance de Krishna.
27. — L'Enfance de Krishna.
28. — Krishna berger.
29. — Le retour des Champs.
30. — Krishna déguisé en jeune fille.
31. — Krishna en batelier.
32. — Le Péage d'amour.
33. — Allant au rendez-vous.
34. — La balançoire.
35. — La Danse au clair de lune.
36. — L'Attente.
37. — La Dispute,
38. — La Fête du Printemps.
39. — La Séparation.
40. — Sur le trône de Mathoura.
41. — La Messagère.
42. — La veille de la Fête.
43. — L'Amour triomphant.

Caricatures du Théâtre Bengalais moderne

(Appartiennent à M. M. G.)

44. — Kama, Dieu de l'Amour.
45. — Rati, déesse de l'Amour.
46. — Le premier Ministre.
47. — Le Prince amoureux.
48. — Le Roi.
49. — Le Héros en captivité.
50. — Narada, un saint homme.
51. — Shiva.

Kakémonos

52. — La jeune Fille au lotus (Appart. à M. A. N. T.).
53. — La jeune Fille au coquillage (Appart. à M. G. N. T.)

TAGORE (Gogonendra Nath.)

Scènes de la Vie de Chaïtanya
(Appartiennent à M. G. N. T.)

Dans les rues de Calcutta

Au Pélerinage de Pouri

(Etudes en noir et or)

83. — Les sables ensoleillés.
84. — Pèlerins allant au Temple.
85. — A la porte du Temple.
86. — A travers le corridor sombre.
87. — Les prêtres.
88. — Devant l'image sainte.
89. — Devant l'Autel.
90. — La fin.

BOSE (Nanda Lal)

91. — La reine Kaïkéyi (Appartient à M. G. N. T.).
92. — Saktar, ministre de Chandragoupta.
93. — Savitri et Jama (Appartient à Mr. G. N. T.).
94. — Le vœu de Bhisma (Appartient à Mr. G. N. T.).
95. — Le choix de Damayanti (Appart. à M. G. N. T.).
96. — Le dernier voyage de Judhistira.
97. — L'Initiation.
98. — Shiva buvant le poison.
99. — Illustration pour le Mahabarata.
100. — Harishandra.
101. — Basadéo s'enfuyant avec Krishna.
102. — La Vie et la Mort.
103. — Agni, Dieu du feu (Appartient à M. P. N. T.).
104. — Garouda, roi des oiseaux.
105. — La jeune Mariée.
106. — Joghaï et Madhaï (Appartient à M. G. N. T.).
107. — Une rue de Calcutta.
108. — Ahalya (Appartient à M. P. N. T.).
109. — Les princes Pandavas.
110. — Radha et Krishna (Appartient à M. W.).

111. — Cadre contenant dix illustrations pour le
Ramayana.
112. — Cadre contenant dix illustrations pour le
Ramayana.
113. — Cadre contenant six illustrations pour le
Ramayana.

DE (Moukoul-Chandra)

114. — Jeune paysanne (Appartient à M. T.).
115. — Le Sanctuaire familial.
116. — Sakountàla.
117. — Famine.
118. — Au bord de la Djamna.
119. — Prière devant l'éclipse de lune.

DÉ (Saïlendra Nath)

120. — Le départ de Rama (Appartient à M. O. C. G.).
121. — Harishandra.

DATT (Satyendra-Narayan)

122. — Kâli, déesse de la destruction.

GANGOULY (O. C.

123. — Boudha prêchant.
124. — Kâli, déesse de la destruction.
125. — Boudha et Soudjata (Appartient à Mᵐᵉ S. K.

GANGOULY (Surendra-Nath)

(décédé à Calcutta)

126. — Le trône de Vikrama.
127. — Kartikéya, Dieu de la guerre (Appartient à Mr. T. H.).
128. — La vision de Kusha.
129. — La fuite de Lakshman Sen, dernier roi du Bengal (Appartient à M. Ch.).
130. — Le Hibou (Appartient à Mr. N.).
131. — Lakshmana blessé (Appartient à M. G. N. T.).

HALDAR (Ashit Koumar)

132. — Dhrouba.
133. — Shiva et Parvati.
134. — Sita (Appartient à M. P. N. T.).
135. — Départ pour l'Inconnu (Appart. à M. G. N. T.).
136. — Le don précieux.

KAR (Surendra Nath)

137. — Krishna et Arjouna (Appart. à M. J. C. B.).
138. — Saint-Bharat.

MITTER (Atoul Krishna)

139. — Saraswati, déesse de la littérature.

MOYOUMDAR (Kitindra Nath)

140. — Telle une liane.
141. — Chaitanya abandonnant sa maison (Appartient à M. S. N. T.).

PROSAD (Iswari)

(Illustrations pour le poème Leila et Majnoum)

PROSAD (Rameswar

SAMI-OUZ-ZAMA

★★

SINGHA (Dourgesh Chandra)

164. — Le bourdon.
165. — Krishna et Radha.

UKIL

166. — L'épreuve de Sita.

VENKATAPPA (K.)

167. — Solitude (Appartient à M. M.).
168. — Ravana luttant avec Jatahu (Appartient à M. A. N. T.).
169. — Le retour de Rama.
170. — Rama et la biche d'or.

———

171. — Copie d'une fresque d'Ajunta, par Manda Lal Bose (Appartient à M. W.).

———

Bronzes anciens (Prêtés par M. M. G.).
Statues et étoffes anciennes (Prêtées par Mme J. K.).
Instruments de musique anciens, ornés de peintures (Prêtés par M. S.).

PEINTURE
Dessins, Aquarelles, Gravures

ABBADIE (Mlle Adèle d').
3, rue du Polygone, Lorient.

1. — Case annamite (Tonkin).
2. — Nuit claire en baie d'Along (Tonkin).
3. — Bateau de pêche en baie d'Along (Tonkin).
4. — Pagode de village dans la brume du soir (Tonkin).
5. — Impression d'Extrême-Orient (Chine).
6. — Jonque de pêche (Chine).
7. — Jonque à voilure en nattes (baie d'Along).

ABEL-TRUCHET.
4, rue Caroline, Paris.

8. — Venise.
9. — Venise.
10. — Venise.
11. — Bab-Souika (Tunis).
12. — Marchand d'oranges (Tunis).
13. — Une porte (Tunis).
14. — Café arabe (Tunis).
15. — Entrée de l'Hôpital Sadiki (Tunis).

ADAMSON (Sydney).
258, boulevard Raspail, Paris.

16. — Tamo.
17. — Jeu d'échecs, *aquarelle*.
18. — Un Socco (Fez), *aquarelle*.

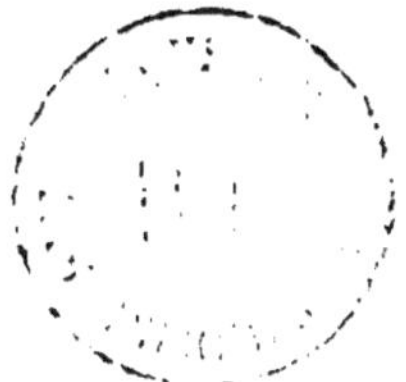

19. — La porte du harem.
20. — Tombeaux (Mosquée d'Eyoub).
21. — Femmes turques en prière (Eyoub).
22. — Sur les toits, le soir, à Fez.
23. — Femmes de Fez.
24. — Dans le bazar (Fez), *aquarelle*.
25. — La fenêtre du café (Eyoub), *aquarelle*.
26. — Marchands de fruits (Constantinople).

ACKERMANN (Mme **Marguerite**).

24, avenue Charles-Floquet.

27. — Porcelaine de Chine, *nature-morte*.
28. — Le Whangpoo à Shanghaï, *marine*.
29. — Personnages et paysages chinois, *études*.

AGUTTE (Mme **Georgette**).

11, rue Cauchois, Paris.

30. — Venise vue du Lido, *aquarelle gouachée*.
31. — Riva degli Schiavoni, *aquarelle gouachée*.
32. — Église de Carcello, *aquarelle gouachée*.

ARRUÉ (**Alberto**).

22, rue Bonaparte, Paris.

33. — Espagnole nue.

ASSUS (**Armand-Jacques**).

3, rue Suffren, Alger,
et 21, rue Monsieur le Prince, Paris.

34. — Juive d'Alger.
35. — Juive en prière.
36. — Juive d'Alger.

AUBLET (Albert).

135, boulevard Bineau, Neuilly (Seine).

37. — Tunisienne sur la terrasse.
38. — Terrasse (Tunis).
39. — Terrasse (Tunis), temps gris.
40. — Terrasse (Tunis).
41. — Un coup de vent.
42. — Mariée arabe.

BALLOT (Georges-Henri).

13, rue de l'Abbaye, Paris.

43. — Femme marocaine.

AUBAIN (Gustave-Henri).

23, rue Boissonade, Paris.

44. — Les Callanches de Piana (Corse), *paysage*.

BACQUÉ (Daniel).

9, rue du Pot-de-fer, Paris.

45. — Portail de la cathédrale de Tarragone, *pastel*.
46. — Marché à Tanger, *pastel*.
47. — Etude à Tanger, *pastel*.
48. — Le generaliffe (*Grenade*).
49. — La rue de la Casbah (Tanger).
50. — Musicien (Tanger).

BAILLEUL (Léonie de).

4, rue Léon-Vaudoyer, Paris.

51. — Souk des étoffes (Tunis).
52. — Marabout à Tunis.

BALANDE (Gaston).

65, boulevard Arago, Paris.

53. — Vieux de Tolède, *triptyque*.
54. — Pont Saint-Martin, à Talacié, jour de pluie
55. — Marchande de gargoulettes.
56. — Ségovie.

BAUDE (François-Charles).

65, boulevard Arago, Paris.

57. — La Dame arabe, à Tunis.
58. — Conversation galante (Biskra).
59. — Nuit claire dans le Sud algérien.
60. — Repos de la Caravane.
61. — Arabes à la fontaine.
62. — Campement près d'un puits.

BEAUFRÈRE (Adolphe).

Pouldu, par Clohars-Carnoët (Finistère).

Eaux-fortes et Bois gravés.

63. — Pont à Tolède.
64. — Le Mont Chénoua.
65. — Les Martigues.
66. — Église Hors-les-Murs (Avila).
67. — Croquis de « gourbi », au Chénoua.
68. — Village, près du Chénoua.
69. — Café maure, à Maison-Carrée.
70. — Croquis sur la plage (Alger).
71. — Paysage au trait
72. — Le Pin parasol.
73. — La route tournante.
74. — Deux croquis gravés.
75. — Retour du marché (Kabylie).
76. — Vue sur Kouba, *bois*.
77. — Maison arabe au Frais-Vallon.
78. — Croquis gravé.

115. — Aouch du médecin maure.
116. — Dans la mosquée.
117. — Entrée de la Zaouïa de Boghari.
118. — Femme arabe.
119. — Le Fort des Arcades.
120. — Le goûter.
121. — Le cap Tenès.
122. — Le Pin parasol.
123. — Le ravin.
124. — Maison arabe.
125. — Le Matin.
126. — Marché à Boghari.
127. — Zaouïa de Boghari. (Appartient à M. Meley.)
128. — Cinq croquis dans un cadre.
129. — Kadour.
130. — Zora.
131. — Vue prise de la Zaouïa de Boghari. (Appartient à M. Meley.)

BERNARD (Émile).
15, quai Bourbon, Paris.

132. — Shéerazade.
133. — Portrait d'Armène Ohanian (danseuse persane).
134. — La Turque.
135. — La Circassienne.
136. — Portrait d'Armène Ohanian, *sculpture plâtre*.

BERNARD (Maurice).
144, boulevard Saint-Germain, Paris.

137. — Au Maroc, croquis de route, *dessins*.
138. — Au Maroc, croquis de route, *dessins*.

BISMOUTH (Maurice).
11, rue Toullier, Paris.

139. — Etudes de rabbins (Tunis).
140. — Rabbins en prière (Tunis).

141. — Eucalyptus ; l'aube à la Marsa.
142. — Souk des parfums à Tunis.
143. — Place Bab-Djerid (Tunis).
144. — Place et porte Bab-Menara (Tunis).
145. — Mabrouka.
146. — Le Belvédère.

BLACK (Richard).
31, boulevard Baudin, Alger.

147. — Dans le port (Alger),
148. — Voilier à l'Agha (Alger).
149. — Vieilles maisons (Constantine).
150. — Marchands sur la colline (Constantine).
151. — Marchands d'oranges (Tunis).
152. — Marché aux foins (Sfax).
153. — Place à Sfax.
154. — Coin de rue (Tunis).
155. — Fondouk (Tunis).
156. — Le port (Sousse).

BOASSON.
Joh. v. Oldenbarnevelt Laan, 89, S'Gravenhage.

157. — Souvenir du Maroc.
158. — Tanger.
159. — Rue à Tanger.

BORG (Carl Oscar).
29, rue des Saints-Pères, Paris.

160. — Bab-el-Karafèh (Caire).
161. — Types égyptiens (Caire), *aquarelle*.
162. — Souvenir de Khan-el-Khalili (Caire), *aquarelle*.
163. — Le désert à Assuan, *aquarelle*.

BOUGOURD (Céline-Augustine).

1, boulevard Grignan, Toulon.

164. — Marabout de la place des Selliers (Tunis).
165. — Rue Tourbet-el-Bey (Tunis).
166. — Le Souk-el-Belat (Tunis).
167. — Petit berger arabe (Tunisie).

BRÉFORT-PORCHÉ (A.).

1, rue Es-Sadikia, Tunis.

168. — Porte du Sokko, Oudjda (Maroc).
169. — Marabout de Sidi Abdesselem, Oudjda (Maroc).
170. — La rue bleue (Tanger).

BRIDGE (A.-S.).

193, boulevard Saint-Michel, Paris.

171. — Au combat de taureaux (Malaga).
172. — Danseuse Argentine.
173. — Danse andalouse.
174. — Marin Grec.
175. — Etude de mulet (Espagne).
176. — Etude de mulet (Espagne).

BRIDGMAN (Frédéric-Arthur).

29, avenue Daubigny, Paris.

177. — Aux bords du Nil.
178. — Retour de chasses (Biskra).
179. — Vieux marchand du Caire, au café.

BROCA (Alexis-Louis de).

20, rue Franklin, Nantes.

180. — Tête de Bedouine, *aquarelle*.
181. — Femme du Sahara, *aquarelle*.
182. — Paysannes de Tunisie, *aquarelle*.

BRONDY (Matteo).

15, rue Béranger.

183. — La route (Positano), *aquarelle*.
184. — La marine (Capri), *aquarelle*.
185. — La villa Dubufe (Capri), *aquarelle*.
186. — La Pergola (Positano), *aquarelle*.
187. — La treille (Capri), *aquarelle*.
188. — Chemin (Positano), *aquarelle*.
189. — Le poste des carabiniers (Positano), *aquarelle*.
190. — La marine (Positano), *aquarelle*.
191. — Chemin (Capri), *aquarelle*.
192. — Chemin (Capri), *aquarelle*.
193. — Rochers (Capri).
194. — Marine (Capri).
195. — Marine (Capri).

BUFFET (Amédée).

22, rue Cassette, Paris.

196. — Rue de la Casbah (Alger).
197. — La Caravane.
198. — Le Campement.
199. — Café arabe dans la Casbah, (Alger).
200. — Environs de Gafsa.
201. — Une rue au Petit-Djerra, (Gabès).

BURNSIDE (Cameron).

Chez L. Lefebvre Foinet, 19, rue Vavin, Paris.

202. — Tunis, Souk-Elgraua.
203. — Tunis, Rue du Foie.
204. — Tunis, Mendiants Aveugles.
205. — Bou-Saadia, *aquarelle*.
206. — Tunis, les Souks, *aquarelle*.
207. — Café à Kairouan.
208. — Tunis, Souk-El-Blagdjia.

CABANES (Louis).

199, rue de Vaugirard, Paris.

209. — Caravane dans le Sahara.
210. — Marchandes arabes, (Constantine).
211. — Dans la Mosquée des Aïssaouas, (Constantine).

CASTELUCHO (Claudio).

84, rue d'Assas, Paris.

212. — La fiancée du Torero.
213. — La Triomphatrice.
214. — Hantise d'Espagne.

CAUVY (Léon).

117, boulevard Montparnasse, Paris.

215. — Marché dans le port, (Alger).
216. — Marché aux Moutons, (Alger).
217. — Marché dans le port, (Alger).
218. — Marché arabe, (Alger).
219. — Mauresques au cimetière, (Alger).
220. — Marché à Maison-Carrée, (Alger).
221. — Le banc des Nègres, (Alger).
222. — Café Maure, (Maison-Carrée).
223. — Café Maure, (Alger).
224. — Suite Algérienne. Triptyque, (Musée du Luxembourg).

CHARMAISON (Raymond).

13, quai d'Anjou, Paris.

Jardins Japonais.

225. — L'allée Rouge.
226. — L'allée Rose, (aquarelle).
227. — L'allée Verte, (aquarelle),

CHARRETON (Victor).

8, boulevard de Clichy, Paris.

228. — A Tanger ; devant la prison.
229. — Gerone.
230. — Soleil d'hiver, (Malaga).
231. — A Malaga.

CRÉPIN (Suzanne).

Chez M, Potin, 36, rue Taitbout, Paris.

232. — Les entravées du Sénégal, (Casablanca).
233. — Cimetière arabe, (Casablanca).
234. — Les palmiers de Sidi Belioud, (appartient à M. C.)
235. — Une partie de bataille (Casablanca).
236. — La Becquée.

DABAT (Alfred).

17, rue Henri-Martin, Alger.

237. — Tapis d'Orient.
238. — Terrasses à Alger.
239. — Femmes au Cimetière.
240. — Femmes d'Alger, *gouache*.
241. — Femmes d'Alger, *gouache*.
242. — Etude pour les Femmes de la Casbah.
243. — Etude pour les Femmes de la Casbah.
244. — Etude pour les Femmes de la Casbah.
245. — Procession à Venise, *Camaïeu*.
246. — Le Bouge, (*Camaïeu*).
247. — La danseuse rouge, (Musée du Luxembourg).

DAGNAC-RIVIÈRE (Ch.-H.-G).

Moret-sur-Loing (Seine-et-Marne).

248. — Marchands de Tapis.
249. — La Porte des Mendiants.

250. — A Tétuan.
251. — Boucher sous une porte.
252. — Rue au Caire.
253. — Etudes de Voyage.

DANTU (Georges).
14, rue Lafontaine, Paris.

Le Japon fleuri.

254. — Les glycines de Kameido, à Tokio (Japon).
255. — Sous les cerisiers roses au crépuscule (Japon).
256. — Une culture d'iris au Japon.
257. — Cerisier rose sur le Yodo-Gava, à Osaka (Japon)
258. — Les glycines en fleurs au Japon.
259. — Tori et lanternes de Kasuga, à Nara (Japon).

DARIEN (Henry).
113, boulevard Saint-Michel, Paris.

260. — Enlèvement de Jessica (*le Marchand de Venise*, Shakespeare).
261. — Marabout à Tunis.
262. — Une rue à Sfax.
263. — Sous les remparts de Sfax.
264. — Oasis à Gabès.
265. — Femmes Arabes à l'Oued (Gabès).
266. — La lessive (Gabès).

DAVID (Ferdinand).
Villa Canet, Penne (Lot-et-Garonne).

267. — Porte de l'Alhambra, à Tanger.
268. — L'Alhambra, à Grenade.
269. — Vue du quartier arabe, à Tanger, *pastel*.
270. — Vue du quartier arabe, à Tanger, *pastel*.

DELAHOGUE (Alexis).
15, rue Grange-Batelière, Paris.

271. — Caravane.
272. — Laveuses à l'oued.
273. — Marché.
274. — Caravane le soir.
275. — Rue à Kairouan.
276. — Un douar.
277. — Arrivée d'une caravane.
278. — Dans le désert.
279. — Marché, à Kairouan.
280. — Caravane.
281. — Rue à Sidi-Okba.
282. — Intérieur arabe.

DELAHOGUE (Eugène).
15, rue Grange-Batelière, Paris.

283. — Rue à Kairouan.
284. — Souk à Tunis.
285. — Ruelle à Biskra.
286. — Marché à Kairouan.
287. — L'oued à El Kantara.
288. — Rue des Teinturiers, à Sfax.
289. — L'oued à Gabès.
290. — Route de Télemly (Alger).
291. — Rue à Alger.
292. — Mosquée Sidi Abd-el-Kader, à Sfax.

DÉNEUX (Gabriel).
79, rue de Paris, à Épinay-sur-Seine, et 9, rue Hoche, à Alger.

293. — La Porte de Tunis à Kairouan, *encaustique*.
294. — La Rue de la Sikak à Tlemcen, *encaustique*.
295. — Mauresque de Tlemcen, *encaustique*.

DINET (A.-Etienne).
14, rue de l'Abbaye et chez MM. Allard, 20, rue des Capucines, Paris.

296. — Fillettes revenant des jardins. (Appartient à M. Pl.)
297. — La femme répudiée (Appartient à M. Ch.)
298. — Tête d'Arabe (Appartient au docteur O. Amoëdo.

DOIGNEAU (Edouard).
67, boulevard Berthier, Paris.

299. — Jeune chameau buvant.
300. — Chameaux devant l'inondation du Nil.

DRAGEON (Gabriel), I. ○

6, avenue Vauban, Toulon (Var).

301. — Mosquée de Chourbagui, (Damanhour, Egypte) *aquarelle*.
302. — Mosquée de Charch-el-Zawaor, (Damanhour, Egypte), *aquarelle*.
303. — Un coin de la rue El-Galaa, (Damanhour) Egypte), *aquarelle*.
304. — L'entrée du Cimetière de Damanhour, (Egypte), *aquarelle*.
305. — Gourbi Arabe, *aquarelle*.
306. — Un coin de Damanhour, (Egypte), **aquarelle**.

DUFRESNE (Charles).
33, quai d'Anjou, Paris.

307. — Les cavaliers.
308. — Fête dans un patio.
309. — Danses sur une terrasse.
310. — Treize dessins.

DULAC (Edmond).

Chez M. H. Piazza, 19, rue Bonaparte, Paris.

311. — Illustrations pour Badourah (contes des *Mille et une Nuits*), H. Piazza, éditeur, **Paris.**

DUMÉNIL (Pierre).

73, rue Notre-Dame-des-Champs, Paris.

312. — Mosquée Sidi-Okba à Kairouan, *aquarelle.*
313. — Minaret Sidi-Okba à Kairouan, *aquarelle.*
314. — Mosquée du Barbier à Kairouan, *aquarelle.*
315. — Rue à Kairouan, *aquarelle.*
316. — Rue à Kairouan, *aquarelle.*
317. — Marabout à Kairouan, *aquarelle.*
318. — Marabout à Kairouan, *aquarelle.*

EADIE-REID (James).

51, boulevard Saint-Jacques, Paris.

319. — Wady Kelt.
320. — La Pâque Samaritaine, Jericho, Mont-Gerizim.
321. — Le Tombeau au rocher, Jérusalem.
322. — Mont Ebal, Nablous.

EGGIMANN (Jules-Pierre).

19, rue Mouton-Duvernet, Paris.

323. — Dans la baie de Palma (Mallorca).
324. — La cathédrale de Palma (Mallorca).
325. — Une vallée (Mallorca).
326. — Barceloneta, *pochade.*
327. — La Côte des Baléares.
328. — Pins et oliviers (Catalogne).
329. — De Soller al Puerto (Mallorca).
330. — Una callejuela en Barcelona, *esquisse.*

ESTIENNE (Henry).

48, avenue Daumesnil, Paris.

331. — L'Amirauté, (Alger).
332. — L'Amirauté, (Alger).
333. — Rue de Bou Saâda.
334. — Maisons à Bou-Saâda.
335. — Marabout.
336. — Bou Saâda, rue des dunes.
337. — L'homme au chapeau.
338. — Jeune fille arabe au voile rouge, *pastel*.
339. — Femme à la cigarette, *pastel*.
340. — Jeune femme d'Alger, *pastel*.
341. — Fileuse, *pastel*.
342. — Femme de Bou-Saâda, assise.
343 — Profil.
344. — Fillette arabe.
345. — Tête de jeune fille, (Alger).
346. — Femme à l'enfant, (Bou-Saâda).
347. — Femme de Djelfa.
348. — Jeune femme d'Alger au corsage rose.
349. — Femme arabe de face.

EYSSÉRIC (Joseph).

90, rue d'Assas, Paris.

350. — Le Taj-Mahal à Agra, (Inde), *pastel*.
351. — Port de guerre à Saïgon, (Cochinchine), *pastel*.
352. — Indrapat, près de Delhi, (Inde), *aquarelle*.
353. — Rangoun (Birmanie), *aquarelle*.
354. — En baie d'Along, (Tonkin), *monotype*.

FONTANES (Raymond de).

18, rue du Dragon, Paris.

355. — Lisière de Village (Marg, Egypte).
356. — Rue de Marg, (Egypte).
357. — A la porte d'une Mosquée, (Egypte).

358. — L'inondation du Nil, *détrempe.*
359. — Carrières |des Pyramides, (Egypte), *détrempe.*
360. — Cheik-el-Melek la nuit, (Marg, Egypte), *dessin.*

FORSTER (Mlle Lys).
17, rue du Transvaal, Boulogne-sur-Seine.

361. — La petite Fathma.
362. — Fathma et son amie.
363. — Portrait de jeune fille Arabe.

FRANKLIN (Mary).
116, boulevard Montparnasse, Paris.

364. — Une Nomade.
365. — Le Charmeur de Serpents.
366. — Une diseuse de bonne aventure.

GABRIEL-ROUSSEAU.
7, villa Michel-Ange, Paris.

367. — Dans la casbah, rue Benali (Alger), *aquarelle.*
368. — Dans la casbah, le mur vert (Alger), *aquarelle.*
369. — Dans la casbah, rue Benali (Alger), *aquarelle.*
370. — La rue de Mascara (Tlemcen), *aquarelle.*
371. — Mosquée de Sidi-Bou-Meddine (Tlemcen), *aquarelle.*
372. — La tour de Mansourah (Tlemcen), *aquarelle.*
373. — La Piazzetta et Saint-Marc (Venise), *aquarelle.*
374. — Lever de lune (Venise), *aquarelle.*

GALAND (Jules).
8, rue Saint-Simon, Paris.

375. — Barques de pêche en Annam.
376. — Barques de pêche en Annam.

377. — Sampans annamites.
378. — Étude au Tonkin.
379. — Sur le fleuve.
380. — Sampans annamites.

GEORGE (Miss Wyn).

Chez M. Potin, 36, rue Taitbout, Paris.

381. — Ergoya, *dessin rehaussé*.
382. — Joueur de flûte, *dessin rehaussé*.
383. — Le Kohl, *dessin rehaussé*.
384. — La danse, *dessin rehaussé*.
385. — La toilette, *dessin rehaussé*.
386. — Femme se chauffant, *dessin rehaussé*.
387. — Le Kouss-Kouss, *dessin rehaussé*.
388. — Arabe à sa toilette, *dessin rehaussé*.

GILLOT (E.-Louis).

15, rue Théophile-Gautier.

389. — Fête de nuit à Venise.
390. — Place Santa Margarita, à Venise.
391. — La Salute (Venise).
392. — Devant San Marco (Venise).
393. — Le Grand Navire (Venise).

GIRARDOT (Louis-Auguste).

68, rue d'Assas, Paris.

394. — Vieux Cimetière au Maroc.

GROPEANO (Nicolas).

8, avenue Perrichont prolongée, Paris.

395. — Stanca, la tzigane, *pastel*.
396. — La bonne aventure, *pastel*.
397. — Au métier, *pastel*.
398. — Confession, *pastel*.
399. — Devant les icones, *pastel*.

HARRISSON (Bernard).

89, rue de Vaugirard, Paris.

400. — Saint-Georges Majeur (Venise).
401. — La Salute (Venise).
402. — Rio del Pestrim (Venise).
403. — Crépuscule (Venise).
404. — Le Palais Jaune (Venise).

HERZIG (Edouard).

70, rue du Cherche-Midi, Paris.

405. — Le vieux moulin (Kabylie).
406. — Coin de village kabyle.
407. — Céramiques tunisiennes (Kairouan), *dessin*.
408 — Porte de mosquée (Alger) et broderie algérienne, *dessin*.

HOPPE (Mme Erna).

7, rue de Bagneux, Paris).

409. — Le Bain.
410. — Au Japon.

IWILL (MarieJoseph).

11, quai Voltaire, Paris.

411. — Matin à Venise.
412. — Matin à Venise.

413. — Matin à Venise.
414. — Matin à Venise.
415. — Matin à Venise.
416. — Matin à Venise.
417. — Matin à Venise.
418. — Matin à Venise.
419. — Matin à Venise.
420. — Matin à Venise.
421. — Soir à Venise.
422. — Soir à Venise.

JACQUES-SIMON.
5, rue Falguière, Paris.

423. — Tipaza.
424. — Kabylie.
425. — Intérieur de maison kabyle.
426. — Paysage kabyle.

JASMY (Léo-Gabrielle).
13, rue Washington

427. — Pont des Scaliger (Vérone).
428. — Bateau à la Giudecca (Venise).
429. — Pont Pietra (Vérone).
430. — Le Redentore (Venise).

JOHANNET (Alfred).
19, avenue des Iles d'or, Hyères.

431. — L'Amirauté à Alger.
432. — Maison mauresque à Alger.
433. — Villa aux Bougainvillias.

JUNÈS (David).
5, rue Pétrarque, Paris

434. — Fatma (Tunisie).
435. — Coin de café (Tunisie).

KARPELÈS (Andrée).

27, rue du Docteur-Blanche, Paris.

436. — Portrait de Tagore.
437. — Bayadères (Madoura).
438. — La Toilette d'une musulmane (Bénarès).
439. — Ceylan.
440. — Danse guerrière (Ceylan).
441. — Bénarès.
442. — Intérieur du temple de Madoura.
443. — Intérieur du temple de Madoura.
444. — L'Océan Indien.

KRIEG (Elly).

117, boulevard Montparnasse, Paris.

445. — Fête arabe.
446. — Danseuse arabe.
447. — Bou Saâda, la rivière.
448. — Bou Saâda, le marché.
449. — Bou Saâda, le marché.

KUHN (Kurt).

Montparnas' Hôtel, boulevard de Vaugirard, Paris.

450. — La route.
451. — Jardins.
452. — Jeune arabe.
453. — Bou-Saâda.

LABROUCHE (Pierre).

39, avenue Henri-Martin, Paris.

454. — Le barrage de Tolosa (Espagne), *gravure à l'aquatinte.*
455. — Cathédrale de Ségovie (Espagne), *gravure à l'aquatinte.*

456. — Environs de Déva (Espagne), *gravure à l'aquatinte.*

457. — Couvent d'Estella (Espagne), *gravure à l'aquatinte.*

458. — Le port d'Ondarroa (Espagne), *gravure à
l'aquatinte.*

459. — San Giovanni e Paolo (Venise), *gouache.*

460. — Palais Grimani (Venise), *gouache.*

461. — Palais à Venise, *gouache.*

LAMBRECHT (W.-A.).
61, avenue de Breteuil, Paris.

462. — Villa à la Bouzaréah.

463. — Jeune fille arabe.

LAURENS (Camille-Adolphe).
École de canonnage, Toulon.

464. — Le Chinois (Ceci tue cela).

465. — Le marché.

466. — Théâtre chinois : la Bataille.

467. — Théâtre chinois : l'Amour.

468. — Entrée de village kabyle.

469. — Halte de caravane.

470. — Cavalier arabe.

LAURENT-GSELL (Lucien).
8, avenue de Villiers, Paris.

471. — Le grand Tam-Tam du 14 juillet, à Sanga
(Soudan).

472. — Les Courses de Djenné le long du Bar-Issa.

473. — Le marché des oranges à Conakry.

474. — Le village de Kindia (Guinée).

475. — Le jardin de Camayenne (Guinée).

476. — Marchands de fruits à Bamako.

477. — Le marché de Kayes.

478. — Arrivée d'une caravane à Kayes.

479. — Le Quai de Mopti (Soudan).
480. — La préparation du kouss-kouss (Soudan).
481. — Le cap Vert (Dakar).
482. — La ville de Mamou (Guinée).

LEFEUVRE (Jean).
11, rue des Sablons, Paris.

483. — Vue de Samara (Mésopotamie).

LE GOUT-GÉRARD (F. M. E.).
93, rue Ampère, Paris.

484. — Saint-Marc.
485. — Sur le quai des Esclavons.
486. — Campo Santa-Margharita.
487. — Intérieur de Saint-Marc, côté gauche.
488. — Marché à Venise.
489. — Santi Apostoli.

LE RICHE (Henri).
198, rue de Courcelles, Paris.

Indes.

490. — Le Gange à Bénarès.
491. — Amritzar.
492. — Femmes à la fontaine.
493. — Une caravane sur la route.
494. — Un étang à Candie.
495. — Le lac des Lotus d'or.
496. — Un Brhame.
497. — Bayadères.
498. — Les temples d'or (Amritzar).

Chine.

499. — Danseuses chinoises.
500. — La Vallée des Ming.
501. — La Porte Impériale. (Moukden).

502. — Le Temple du ciel (Pékin).
503. — Marchands de volailles (Pao-Tin-Fou).
504. — Les escaliers d'Hang-Keou.
505. — Sur le Han.
506. — Port de Jonques (Setchouen).
507. — Jonques sur le Yang-Tsé-Kiang.
508. — Un Temple de la Cité (Shanghaï).
509. — Un restaurant chinois.
510. — Une marchande de pommes.
511. — Une boucherie chinoise.
512. — Le lac Po-Yang.
513. — Une entrée du Temple des Lamas (Pékin).
514. — La campagne (So-ka-Wei).
515. — Marchandes de prières.
516. — Le port Hong-Kong.
517. — Sur le lac Po-Yang.

Japon.

518. — Sous les glycines (Kyoto).
519. — En montant au Temple (Kyoto).
520. — Geyshas.
521. — Maison de thé.
522. — Une Geysha.
523. — La mer intérieure.
524. — Après le typhon.
525. — Effet d'or, mer intérieure.
526. — Le Fushy-Yama, le matin.
527. — Le Fushy-Yama, le soir.
528. — Le lac Akoni.
529. — Le Matin, au soleil levant.
530. — Les Temples de Kiomitza.
531. — Le Parc de la fontaine sacrée (Nara).
532. — Port de Jonques, *gravure*.
533. — Le Yang-Tsé-Kiang, *gravure*.
534. — Bénarès, *gravure*.
535. — Un mendiant chinois, *gravure*.
536. — Bateleurs pékinois, *gravure*.

LÉVY (Samuel).

34, rue du Dragon, Paris,

537. — Ancienne rue de Jérusalem.
538. — Vieille rue à Jérusalem.
539. — Israélite de Jaman.

LÉVY-DHURMER (Lucien).

3 *bis*, rue Labruyère, Paris.

540. — La Corne d'Or, *pastel.*
541. — Mosquée au bord du lac, *pastel.*

LUCAS-ROBIQUET (Mᵐᵉ Marie-Aimée).

9, rue Brown-Sequard, Paris.

542. — Après-midi d'hiver dans l'oued, à Colomb-
      Béchar.
543. — Laveuses dans l'oued, à Colomb-Béchar (Sud-
      Oranais).
544. — Petite Bédouine au pigeon (Sud-Oranais).
545. — Cardeuse (Maroc).
546. — Café Maure, marché d'Oudjda (Maroc).
547. — Ksourien (Sud-Oranais).
548. — Azemmour, Rabat, Oudjda, études (Maroc).

MADRAZO (Frédéric de).

15, boulevard Berthier, Paris.

549. — Jardin de la Sultane (Cachemire).
550. — A la porte du Temple d'Or (Bénarès).
551. — Groupe de fidèles (Bénarès).
552. — Bayadères de Tanjore.

553. — Souk tunisien.
554. — Souk tunisien.
555. — Souk tunisien.
556. — Souk tunisien.
557. — Souk tunisien.
558. — Souk tunisien.
559. — Rue à Tunis.
560. — Rue à Blidah.

MAHON (André).

16, quai Cypierre, Orléans (Loiret).

561. — Au caravansérail.
562. — La Ville blanche.
563. — Kairouan.
564. — L'Arabe.
565. — Les Oulad-Naïls.
566. — Les Souks.
567. — Chevaux à l'ombre.
568. — Le soir sur la place.
569. — La Kasbah.
570. — Les taureaux.
571. — Danse arabe.
572. — Cordoue, *aquarelle*.
573. — L'Alcazar, *aquarelle*.
574. — Le patio, *aquarelle*.

MALONE (Blondelle).

4, rue de Chevreuse, Paris

575. — L'Acropole (Athènes).
576. — L'Erechthéion et la Mer Egée (Athènes).
577. — Le Temple des Vents (Athènes).
578. — Le Jardin de la Villa Egla (Palerme).

MARLIAVE (François de)

44, rue de La Tour-d'Auvergne, Paris.

579. — Angkor.

MAUFRA (Maxime).

Chez M. Durand-Ruel, 16, rue Laffitte, Paris.

580. — Palmeraie saharienne, oasis de Doucen.
581. — Le sirocco dans les palmiers (Sahara).
582. — Dans l'oasis de Biskra.
583. — Le douar des nomades (Sahara).
584. — La sortie de la Palmeraie (Sahara).
585. — L'oued de Biskra.
586. — La mosquée de Sidi-Moussen (Biskra).
587. — Café maure d'Oumache.
588. — Le marabout de Bou Chagmune (Sahara).
589. — Rue du vieux Biskra.
590. — Vieille rue à Constantine.
591. — Le soir, oued d'El Kantara.
592. — Le village à Darahouïa (ou village rouge, El Kantara).
593. — Le matin, oued d'El Kantara.
594. — La rue des Zouaves (Constantine).
595. — Oued d'Ouled-Djellal (Sahara).
596. — Sur la piste saharienne.

MERCER (Marie-C.).

25, Faubourg Saint-Honoré, Paris.

597. — Marchand de sucreries (Maroc).

MIGONNEY (Jules).

3, rue Dulot, Paris.

598. — Après le bain (Messaouda), *gravure sur bois.*
599. — Bain maure, *gravure sur bois.*

600. — Après le bain, conversation, *gravure sur bois.*
601. — Femme Kabyle faisant une poterie, *gravure sur bois.*

MORILLOT (Octave).
36, rue de Varenne, Paris,
et Ile de Tahaa (Océanie française).

602. — Femme de Tahaa.
603. — Jeune fille des Iles Sous le Vent.
604. — Crépuscule à Tahaa.
605. — Femme sous un flamboyant.
606. — Pêcheur sur le récif de Corail.
607. — Repos.
608. — Rêverie au coucher du soleil.
609. — Chant religieux.

MORSTADT (Anna).
4, rue Cochin, Paris.

610. — Abreuvoir (Kairouan).
611. — Abreuvoir (Kaïrouan).
612. — Femmes de Kaïrouan, *pastel* (Appartient à M. Desjoyeaux.)
613. — Etude de chevaux, *pastel.* (Appartient à M. Desjoyeaux.)
614. — Cavaliers arabes, *pastel.* (Appartient à M. Eugène Gaillard.)
615. — Type arabe, *pastel.* (Appartient à Mᵐᵉ de Villeneuve.)
616. — Type de Marocain, *pastel.* (Appartient à Mᵐᵉ de Villeneuve.)
617. — Tête de Maure, *pastel.*
618. — Tête d'Arabe, *pastel.*
619. — Tête d'Arabe, *pastel.*

MOURANI (Philippe).
114, rue de Vaugirard, Paris.

620. — Coin de café, au Caire.
621. — Teinturerie bleue, au Caire.

622. — Teinturerie rouge, au Caire.
623. — Tête d'Egyptien, effet du soir.
624. — Cour de maison, à Damas.
625. — Fontaine à Damas.
626. — Derviche à Damas (tête).
627. — Rue de Damas.
628. — Vue de Damas.
629. — Vieux musicien (tête).
630. — Tête d'Egyptien, *aquarelle*.
631. — Tête d'Egyptien, *aquarelle*.

MUSSA (P).

100, avenue Mozart, Paris.

632. — Marché du mercredi à Souk-el-Arba.
633. — Au bord de l'oued Bou-Regreb.
634. — Matinée marocaine aux environs de Rabat.

NÉZIÈRE (J. de la).

6, rue Aumont-Thiéville, Paris.

635. — Illustrations pour *Poh-Deng* (scènes de la vie siamoise), H. Piazza, éditeur, Paris.

NIVOULIÈS (Marie).

18, place aux Chevaux, Tunis.

636. Rue Tourbet-el-Bey, le soir (Tunis).
637. Tête de juive (Constantine).
638. Fondouk, *pastel*.
639. Café maure.
640. Étude de tête.

OGER (Ferdinand-Henri).
221, rue de la Convention, Paris.

641. — Lionne en marche, *gravure à la pointe sèche.*
642. — Chat couché, *gravure à la pointe sèche.*
643. — Lion et lionne, *gravure à la pointe sèche.*
644. — Lion mangeant, *gravure à la pointe sèche.*
645. — Lion couché, *gravure à la pointe sèche.*

OZENFANT (Amédée).
34, rue des Vignes, Paris.

646. — Vues de Russie (Volga, Lama), *aquarelle.*
647. — Les berges de la Kama, *aquarelle.*
648. — Une rue à Perm, *aquarelle.*
649. — Laveuses à Perm, *aquarelle.*

PADILLA (Claudio).
S'adresser à M. F. Lauth, 36, rue d'Assas, Paris.

650. — *Deux panneaux composés de paysages
        d'Espagne.*
651. — *Un panneau composé de figures et sujets
        espagnols.*

PAGUENAUD (Jean).
5 bis, rue Jadin, Paris.

652. — Rivage de la baie de Sangaria.
653. — Femme de Guinée.
654. — Cocotiers en Guinée.

PASCAL (François).

Lieutenant de vaisseau à bord du Diderot, Toulon.

655. — Mosquée de la sultane Validé (Corne d'Or), *aquarelle.*

656. — Mosquée de la Suleimanich (Corne d'Or), *aquarelle.*

657. — Marine, *aquarelle.*

658. — Cours de la mosquée de Mahomet-le-Conquérant, *aquarelle.*

659. — Barques turques sur le Bosphore, *aquarelle.*

660. — Cours de la mosquée de Rushem Pacha, *aquarelle.*

661. — Mosquée de la sultane Validé (Corne d'Or), *aquarelle.*

662. — Navires au mouillage devant Stamboul, *aquarelle.*

663. — Marine, *aquarelle.*

664. — Marine, *aquarelle.*

665. — Marine, *aquarelle.*

PASEA (Mary).

Chez Castelucho, 16, rue de la Grande-Chaumière, Paris.

666. — Femme Arabe.

667. — La mosquée.

668. — Paysage.

PONCHIN (Antoine).

3, rue Caulaincourt, Paris.

669. — La Lagune (Venise).

670. — Le Marché à Chioggia.

671. — Palais Vénitien.

672. — Le Grand canal (Venise).

673. — Chioggia.

RAVLIN (Miss Grace).

Chez M. Lucien Lefebvre-Foinet, 19, rue Vavin, Paris.

674. — Curieuse (Tanger).
675. — Matinée à la Casbah (Tanger).
676. — Visite aux morts (Tanger).
677. — Procession religieuse (Tanger).
678. — Marché du Grand-Socco (Tanger).
679. — Femmes au Cimetière (Tanger).
680. — Entrée de Tanger.
681. — Marchands de charbon (Tanger).
682. — Bouquet arabe.
683. — Jeux du Beïram (Tanger).

REUILLY (Mlle Yedda).

Le Blanc (Indre).

684. — Sidi Lhaloui.
685. — Zohar.
686. — Fatima.
687. — Marchands de légumes (Tlemcen).
688. — Négresse.
689. — Paysage (Tlemcen).
690. — Négresse.
691. — Enfants en habits de fête (Tlemcen).

RÉALIER-DUMAS (Maurice).

1, rue d'Épremesnil, à Chatou (Seine-et-Oise).

692. — Le Baptistère de Saint-Marc, à Venise.

RÉVEILLAUD, de Lens (Mme A.).

34, rue Jacques-Boyceau, Versailles.

693. — Types marocains.

RIBLET (Fernand).

22, rue Tourlacque, Paris.

694. — Petites filles dans le ruisseau des Jardins de
Bou-Saâda,
695. — Jeune fille sur la porte.
696. — Ouleds Nails aux jardins.
697. — Jeune fille assise devant sa porte.
698. — Retour du marché, (Bou Saâda).
699. — Tête de jeune fille.
700. — Oued de Bou Saâda.
701. — Oued de Bou Saâda.

RIX (Miss Hilda).

Etaples (Pas-de-Calais).

702. — La Robe chinoise.
703. — Une Danseuse espagnole.
704. — Dans le jardin d'un café espagnol.
705. — Souvenir de Chine.
706. — Dans le Soleil d'Espagne.
707. — La Soledad, *dessin*.
708. — Danse d'Espagne, *dessin*.
709. — Une Femme du Maroc, *dessin*.
710. — A Tetuan, *dessin*.
711. — Dans un café arabe, *dessin*.
712. — Une Fille du peuple d'Espagne, *dessin*.

ROCHEGROSSE (Georges).

El Biar, près Alger
et 31, rue de Longchamp, Neuilly.

713. — Beau Temps, Sidi-Ferruch.
714. — Vent d'ouest, Sidi Ferruch.

715. — Dans mon jardin, (Djenan Meriem),

716. — La Mer de Perle, soleil couchant à Sidi-
Ferruch.

717. — Les diaprures sur le Sable, soleil couchant
à Sidi-Ferruch.

718. — Or sur Or, soleil couchant à Sidi-Ferruch.

719. — Rose, Argent et Or, soleil couchant à Sidi-
Ferruch.

720. — Bleu et Or, soleil couchant à Sidi-Ferruch.

ROMBERG (Maurice).

119, boulevard Bineau, Neuilly.

721. — Sok-el-Khemis, (Marché du Jeudi), à Marrakche.

722. — Bismillah ! (En avant), *aquarelle*.

723. — Abreuvoir à Bou-Jeloud, (Fez), *aquarelle*.

724. — Sur la route de Fez, *aquarelle*.

725. — Halte de Cavaliers Marocains, *aquarelle*.

726. — Marché aux Armes à Marrakche, *aquarelle*.

727. — Le Récit du Voyageur, *aquarelle*.

728. — Bab Agnaou, porte du quartier Impérial à
Marrakche, *aquarelle*.

729. — Porte de Méknés, *aquarelle*.

730. — Porte de la Kasbah à Tanger, *aquarelle*.

731. — Entrée de Moulay Hafid à Fez en 1908, *aquarelle*.

732. — Pleine lune dans la baie de Tanger, *aquarelle*.

733. — Jeune femme kabyle, *aquarelle*.

734. — Caravane rentrant au désert Biskra, *aquarelle*.

735. — La Charge des Chasseurs d'Afrique contre les
R'faka, le 28 Février 1908, *aquarelle*.

736. — Coup de Vent, (cavalier Marocain),
eau-forte en couleurs.

737. — Inquiétude, (cavalier Marocain),
eau-forte en couleurs.

SANTAOLARIA (Vicente).

6, rue Dareau, Paris.

738. — Le départ pour la Course.
739. — Paysage de Zamora.
740. — Paysage d'Alicante.
741. — L'Ebre a Tortosa.
742. — Les Palmiers.

SÉAILLES (Paule).

276, boulevard Raspail.

743. — L'Arno à Florence.
744. — Les terres rouges à Kouba.
745. — Matin à Kouba.
746. — Etude.

SILBERT (José).

139, boulevard Longchamps, à Marseille.

747. — Ali ben Aïssa, charmeur de serpents.
748. — Douga la danseuse.
749. — Marocain de Mogador.
750. — Fellah du bled Kairouanais.
751. — Madame Tiraillour.
752. — Etude faite dans un fondouk.

SIMPSON (Mlle Annie L.)

Trepied-Etaples (Pas-de-Calais)

753. — L'Aurore, (Venise).
754. — Tanger.
755. — Tanger.
756. — Dans le Sokko, (Tanger).
757. — Dans le Sokko, (Tanger).

SLADE (Arnold).

11, rue Scribe, Paris.

758. — Marché à Tanger.
759. — Repos en Orient.
760. — Une rue à Jerusalem.
761. — Le Travail, (Palestine).
762. — Au clair de Lune, (Tanger).
763. — Porteur d'eau.

STYKA (Adam).

Villa Tadé, Garches Saint-Cloud (Seine-et-Oise).

764. — La vie dans un Oued.
765. — Débarquement de marchandises.
766. — Caravane traversant une rue de Biskra.
767. — Chameau au puits.
768. — Autour du puits.
769. — Partie de dominos à Biskra.
770. — Traversée d'un Oued en Tunisie.
771. — Nègre sénégalais.
772. — Rendez-vous des femmes à la fontaine romaine.
773. — Un Buffle.
774. — Les Buffles.
775. — Porteurs d'eau.
776. — Chamelier dans le désert au matin.
777. — Chamelier.
778. — Une rue de Biskra.
779. — Les fumées du Trépas.

SURÉDA (André)

117, rue Notre-Dame-de Champs, Paris
et 12, rue Berthelot, Alger.

780. — Scène de fanatisme des Aïssaouas.
781. — Mauresque à l'ombre.

782. — Collation des Juifs.
783. — Mauresques à la terrasse.
784. — Femme berbère.
785. — L'avare.
786. — Bouquet de fleurs.
787. — La douleur des Juives au Cimetière.
788. — Le Juif-errant.
789. — L'aïeule, (appartient au musée d'Edimbourg).

Dessins et Gouaches.

790. — Juif lisant.
791. — Vieille Juive.
792. — Marchandes Juives.
793. — Enfants regardant la fête.
794. — Enfants jouant aux osselets.
795. — Cour de maison mauresque.
796. — Deux Juifs.
797. — Juif du Tafilalet.
798. — Idylle.
799. — L'écrivain arabe.
800. — L'homme efféminé.
801. — Paysage de Boghari.
802. — Jeune arabe.

SUYKENS (Henri).

5, Boulevard de Clichy, Paris.

803. — Le liseur des Contes des Mille et une nuit.
804. — Portrait de M. H… Commandant des Spahis
à Biskra.
805. — Bouteille Syrienne, verre et assiette arabes.
806. — Dans le vieux Biskra.

TAÏB (S.).

5, Square Delambre, Paris.

807. — Yasmina.
808. — Marine.
809. — Rochers.

TAUPIN (J.).

13, quai Conti, Paris.

810. — Le soir au pays.
811. — Saharien.
812. — La nuit à Bou-Saâda.
813. — Soir d'orage.

TEDESCHI (Margherite).

Rue Johnson, Maisons-Laffitte.

814. — L'Attente.
815. - Un fondouk.
816. - Chameaux sortant de la ville.
817. - Le Barrage.
818. - Le Marché.
819. - L'arabe à la fleur.

THIERS (Adolphe).

72, rue Vaneau, Paris

Aquarelles.

820. — Vue intérieure d'un tekké (Constantinople).
821. — Vue intérieure d'un tekké (Constantinople).
822. — Cimetière turc à Péra (Constantinople).
823. — Cimetière turc a Péra (Constantinople).
824. — Cimetière de Kassim-Pacha (Constantinople).
825. — Poste au Vieux-Serail (Constantinople).

826. — Rue à Scutari (Constantinople).
827. — Rue à Scutari (Constantinople).
828. — Esquisse d'un fumoir oriental à bord d'un yacht.

VAZQUEZ-DIAZ (Daniel).

40, avenue Duquesne, Paris.

829. — Don Silvestre.
830. — Deux amies.
831. — Andalouse.
832. — Deux études à Séville.

VOLLET (Henry).

Villa Mazaldi (Ajaccio).

8 dessins (monotypes).

833. — Boy indo-chinois.
834. — Mendiant Thibétain.
835. — Tête de chinois.
836. — Coin de Marché chinois.
837. — Chemineau tonkinois.
838. — Repos à la frontière de Chine.
839. — Enfant de Ceylan.
840. — Arroyau (fleuve rouge).

WEYL (Mme Jemmy).

Chez M. Potin, 36, rue Taitbout, Paris.

841. — Les Cagoules.
842. — Les Gitanes.
843. — Christ de la Cathédrale de Burgos.

XIRO (José).

13 bis, rue Henri-Monnier. Paris.

844. — A la Victoire de Samothrace.
845. — Nocturne égyptien.

ZUBIAURRE Y AGUIRREZABAL (Valentin de).

J. Nicolas M. Rivero, Madrid.

846. — Types de Segovia.
847. — Juan Machin.
848. — Crépuscule basque.
849. — Maria Capela.
850. — Tio Romualdo.
851. — Type basque.
852. — Ancien palais de l'Inquisition (Segovia).
853. — Les autorités du village.
854. — Le maire de Zamaramala.
855. — Le pain Chune.
856. — Vielle Eglise romane.
857. — Anochu.
858. — Portrait de Mr de Brock.
859. — Pécheurs basques.
860. — Santzolaris.
861. — Caciques et mendiants.
862. — Crépuscule en Castille.
863. — Viéjas leyes y nueva flor.
864. — Tio Palinas.
865. — Types de Madrid.
866. — Type basque.
867. — Pour les Victimes de la Mer. (Musée du
     Luxembourg).

ZUBIAURRE Y AGUIRREZABAL (Ramon de .

J. Nicolas M. Rivero, Madrid.

868. — Cofradia de fileuses (pays basque).
869. — Noces d'or au pays basque.

870. — Deux vieux amis.
871. — Vieillard de Volendam (Hollande).
872. — Une petite fleur de Volendam (Hollande).
873. — Types de Volemdam.
874. — Petits frères de Volendam (Hollande).
875. — Le café hollandais.
876. — Mariage hollandais.
877. — Fenêtre hollandaise.
878. — De pure race basque.
879. — Mouliniers hollandais.
880. — Arnaya (pays basque).
881. — Blanche maison (pays basque).
882. — Maisons de Volendam (Hollande).
883. — Marchands de fruits a Oudárroa (pays basque).
884. — Mercedès, la gitana.
885. — Types de Salamanca (Espagne).
886. — Fête à Garay (pays basque).
887. — Le baptême (pays basque).
888. — Miguel de Unamuno.
889. — Pêcheurs basques d'Oudarroa.

CHOIX DE DESSINS

pour l'illustration du journal **"Le Tour du Monde"**, exécutés par Marius PERRET, Paule CRAMPEL, etc... *Prêtés par MM. Hachette et Cie*

II

SCULPTURE

BACQUÉ (Daniel).
9, rue du Pot-de-Fer, Paris.

890. — Type espagnol (Avila), *épreuve bronze cire perdue.*

891. — Marchand de pastèques (Tanger), *bronze cire perdue.*

892. — Chanteur des rues (Tanger), *bronze cire perdue.*

893. — Tête de femme, *pierre.*

894. — Femme de la montagne (Tanger), *bronze cire perdue.*

BEAULIEU (Mlle Aline de).
23, rue Oudinot, Paris.

895. — Pleureuse, Madura (Indes du Sud), *bronze fonte à cire perdue.*

896. — Vase aux tortues, scènes hindoues, *plâtre.*

897. — Vieillard Hindou, *plâtre.*

BUGATTI (Rembrandt).
Chez M. Hébrard, fondeur, 8, rue Royale, Paris.

898. — Girafe, *bronze cire perdue* (unique).

899. — Hippopotame, *bronze cire perdue* (3 épreuves).

900. — Rhinocéros, *bronze cire perdue* (3 épreuves).
Appartiennent à M. Hébrard, fondeur, 8, rue Royale, Paris.

GARDET (Georges).

38, rue Boileau, Paris.

901. — Lion et lionne, *groupe bronze*.
902. — Eléphants et tigre, *groupe bronze*.

GAUDISSARD (E.)

153, rue Michelet, Alger
et 14, rue de la Cure, Paris.

903. — Ouled-Naïl dansant, *statuette plâtre*.
904. — Ouled-Naïl habillée, *statuette plâtre*.
905. — Buste de ma voisine (Bou-Saâda), *buste plâtre*.

HIERHOLTZ (Gustave-Adolphe)

Chez M. Lefebvre, 104, rue du Chemin-Vert, Paris.

906. — Buste *terre cuite*.
907. — Labour, *plâtre*.
908. — Jeune Kabyle au marché, *plâtre patiné*.
909. — Les autruches, *plâtre*.
910. — Projet de surtout de table, Femmes d'Algérie, *cire*.
911. — Vautour jaune, *plâtre*.

LANDOWSKY (Paul).

12, rue Max on Desroches, Boulogne-sur-Seine.

912. — Charmeuse de serpents, *bronze cire perdue*.

MANNEVILLE (André de).

162, rue de Vaugirard, Paris
et 11, impasse Ronsin, Paris.

Terres cuites émaillées de Nabeul, Tunisie. (Pièces uniques.)

913. — Marchand de poteries.
914. — Femme de Nabeul.
915. — Etude de Chameau.

916. — A la fontaine.
917. — Bédouine mendiante.
918. — Bédouine avec enfant.
919. — Porteuse d'eau.
920. — Porteuse de Sfax.
921. — A bourriquot.
922. — Marchand d'oranges.
923. — Berger.
924. — Fillette.
925. — Charmeur de serpents.
926. — Marchand,
927. — Dans le Sud.
928. — Jeune négresse.
929. — Nomade.
930. — Famille arabe, *bas-relief.*
931. — Chameau, *bas-relief.*
932. — Au désert, *esquisse.*
933. — La favorite.
934. — Touareg.

MULOT (Albert).
El-Biar (Algérie)
et 20, boulevard Berthier, Paris.

935. — Marocain en embuscade, *bronze.* (Epreuve
unique).

OZANNE-CEDERLAUD (Mme F.).
14, rue du Moulin-Vert, Paris.

936. — Chimpanzés, *plâtre.*

PERRAULT-HARRY.
60, boulevard Bourdon, Neuilly.

937. — Bédouin couché, *marbre.*
938. — Ane aux cruches, *bronze.*
939. — Eléphant, *bronze.*
940. — Feneks (renards du Sahara), *bronze.*

POISSON (Pierre-Marie).

23, boulevard Pasteur, Paris.

941. — Danseuse arabe, *bronze cire perdue*.
942. — Femme voilée, *bronze cire perdue*.
943. — Esquisse pour une danseuse, *bronze cire perdue*.

SERÉ (Maurice de).

9, rue de Sèvres, Paris.

944. — Aveugle, *masque bronze*.

TARRIT (Jean).

23, villa d'Alésia, Paris.

945. — Porteur d'eau marocain, *bronze cire perdue*.
946. — Marocain revenant du marché, *bronze cire perdue*.
947. — Charmeur de serpents (Maroc). *Groupe plâtre, pour être exécuté en bronze cire perdue.*

WARD (Herbert).

59, boulevard Berthier, Paris.

948 — Détresse, *statue bronze*.

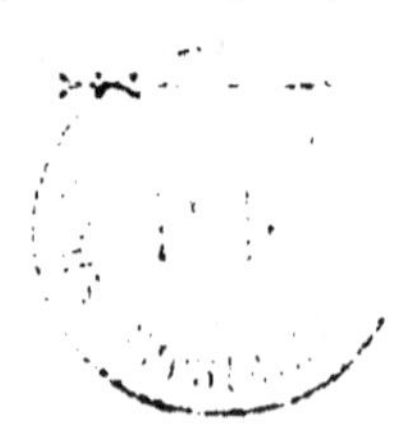

AU
PRINTEMPS
PARIS
LE PRINTEMPS
se charge de toutes
Décoration &
Installations

AU PRINTEMPS
TAPIS
AMEUBLEMENTS
INSTALLATIONS
COMPLÈTES
D'APPARTEMENTS